Seymour Simon

LOS PLANETAS ALREDEDOR DEL SOL

chronicle books·san francisco

Le dedico este libro a mi nieto Joel.

Agradezco a mi especialista de lectura, la doctora Linda B. Gambrell, directora de la School of Education, Clemson University. La doctora Gambrell ha sido presidenta de la National Reading Council y miembro de la junta directiva de la Asociación Internacional de Lectura.

Se agradece el permiso para usar las siguientes fotos:
Portada, página del título: Science Photo Library, Photo Researchers Inc., páginas 2–3, 6–7,14–17, 26–31: National Space Science Data Center; páginas 8–9: líder del equipo de trabajo, maestro Bruce C. Murray y National Space Science Data Center; páginas 10–11: Doctor W. Carslon, The Galileo Project y National Space Science Data Center; páginas 12–13: El director de investigación, Dr. Frederick J. Doyle y National Space Science Data Center; páginas 18–25: líder del equipo de trabajo, Dr. Bradford A. Smith y National Space Science Data Center

First Spanish language edition published in 2007 by Chronicle Books LLC.
Originally published in English by SeaStar Books in 2002.

Spanish translation by María Fernanda Pulido Duarte.
Manufactured in China.

Library of Congress Cataloging-in-Publication Data
Simon, Seymour.
[Planets around the sun. Spanish]
Los planetas alrededor del sol / Seymour Simon. — 1st Spanish language ed.
p. cm. — (SeeMore readers)
"Originally published in English by SeaStar Books in 2002."
ISBN-13: 978-0-8118-5765-9 (library edition)
ISBN-10: 0-8118-5765-4 (library edition)
ISBN-13: 978-0-8118-5807-6 (pbk.)
ISBN-10: 0-8118-5807-3 (pbk.)
1. Planets—Juvenile literature. I. Title. II. Series.
QB602.S5518 2007
523.4—dc22
2006029245

Distribuido en Canadá por Raincoast Books
9050 Shaughnessy Street, Vancouver, British Columbia V6P 6E5

10 9 8 7 6 5 4 3 2 1

Chronicle Books LLC
680 Second Street, San Francisco, California 94107

www.chroniclekids.com

Vivimos en un planeta llamado Tierra.

La Tierra es uno de los ocho planetas que viajan alrededor del Sol.
El Sol y todo lo que gira a su alrededor se llama el sistema solar.

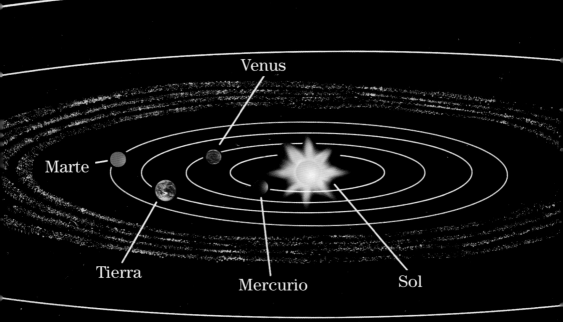

Venus

Marte

Tierra

Mercurio

Sol

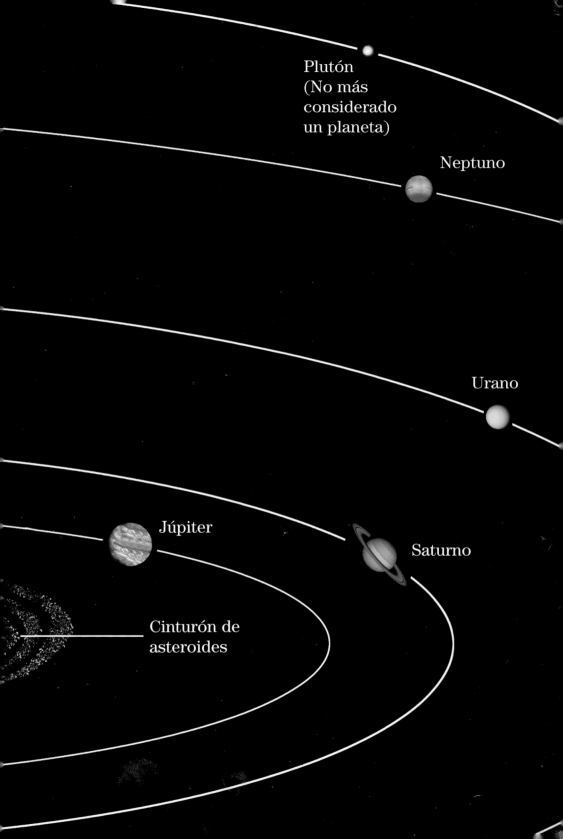

Plutón
(No más
considerado
un planeta)

Neptuno

Urano

Júpiter

Saturno

Cinturón de
asteroides

El Sol es una bola gigante de gases calientes y abrasadores.

Si comparáramos la Tierra con el tamaño de una pelota de baloncesto, el Sol sería tan grande como una cancha de baloncesto.

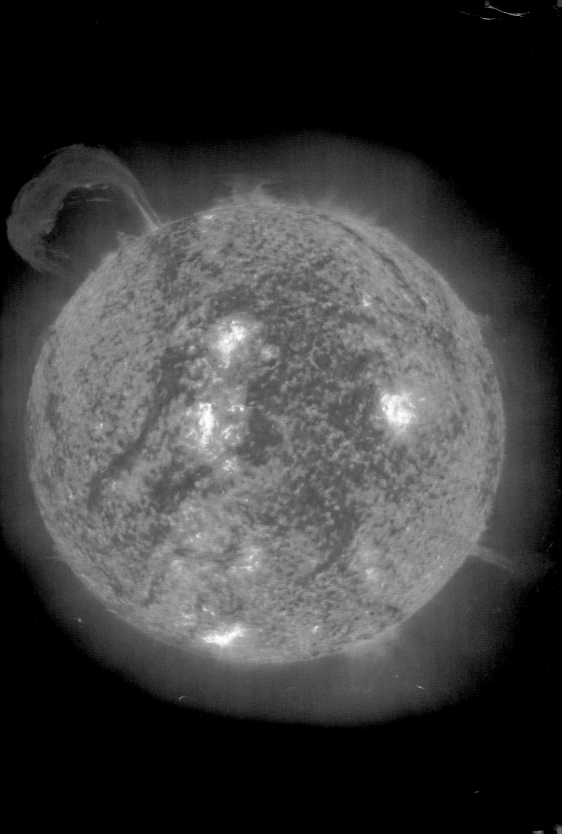

Mercurio es el planeta
más cercano al Sol.
Durante el día, su temperatura
es de casi 427 grados centígrados.

Pero de noche, la temperatura desciende a -184 grados centígrados.

Venus es del mismo tamaño que la
Tierra, pero es muy diferente.
Tiene nubes espesas que cubren el
planeta pero no tiene agua.
Venus es el planeta más caliente
de nuestro sistema solar.

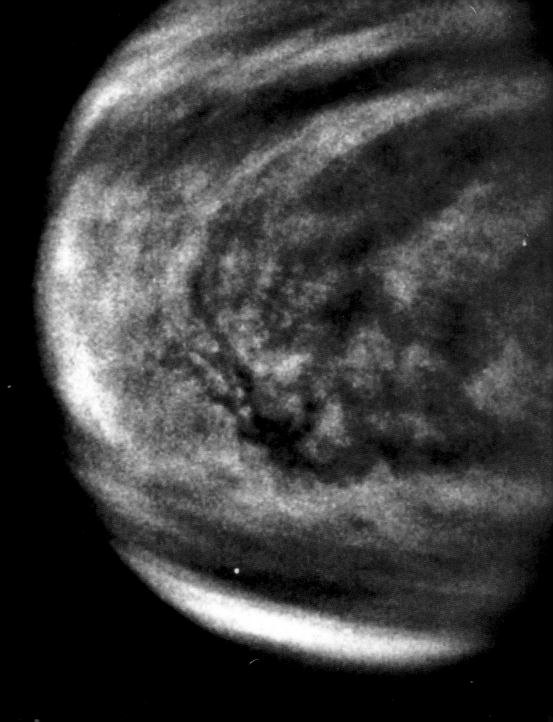

La Tierra es el único planeta
que tiene agua en la superficie.

Si la Tierra estuviera más cerca al Sol, los océanos se evaporarían. Si estuviera más lejos de él, los océanos se congelarían.

La luna de la Tierra no es un planeta.
Los planetas giran alrededor del Sol.
Las lunas giran alrededor de
los planetas.
A pesar de que la luna de la Tierra
está a 250.000 millas de distancia
de nosotros, ella es nuestra vecina
más cercana.

**Fases de
la Luna:**

luna nueva

cuarto creciente

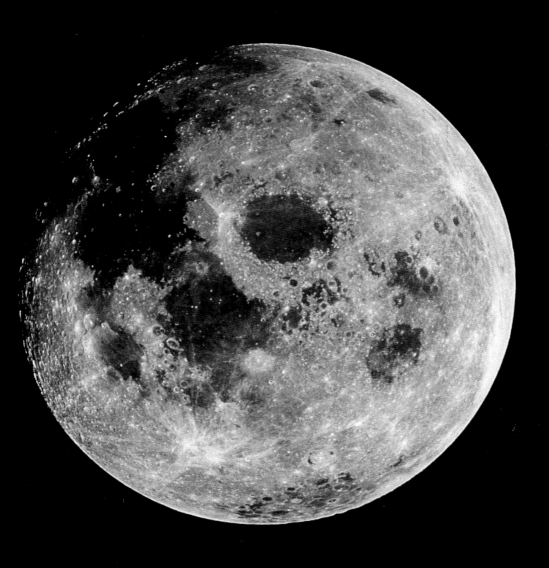

cuarto menguante   gibosa menguante   luna llena

La superficie de Marte es un suelo rojo y polvoriento. Naves espaciales de la Tierra han aterrizado en Marte.

Hay gente interesada en buscar señales de vida allí. Pero hasta el momento no han encontrado ninguna.

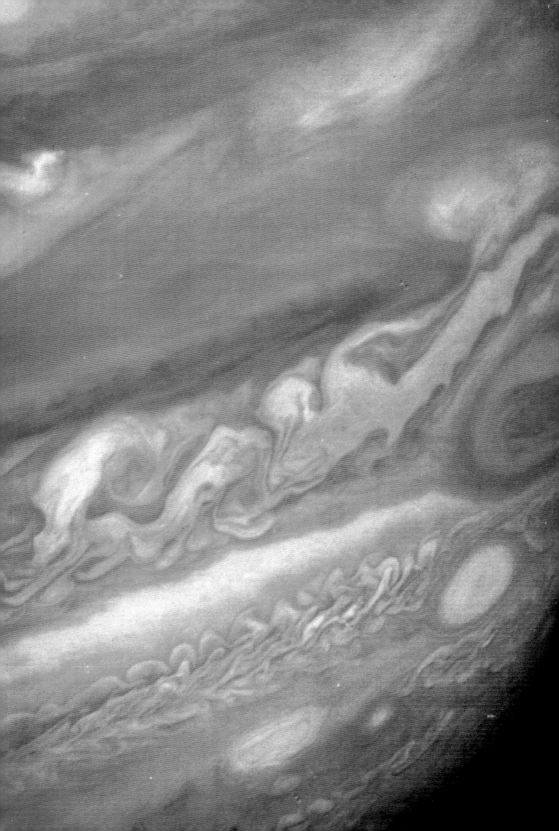

Júpiter es mucho más grande que todos los planetas juntos.

La superficie de Júpiter es un océano de hidrógeno líquido de 10.000 millas de profundidad.

La Gran Mancha Roja es una tormenta.

Esta tormenta es más grande que el planeta Tierra.

Saturno es el segundo planeta más grande. Tiene anillos hechos de trozos de hielo, rocas, y polvo.

Algunos pedazos son
más pequeños que una moneda
de diez centavos de dólar.
Otros son del tamaño de una casa.

Urano es un planeta verde.
Sus anillos muy delgados
están hechos de un material
negro y desconocido.
Urano tiene cinco lunas
grandes y por lo menos
dieciséis más pequeñas.

Neptuno es un planeta azul-verdoso que tiene tormentas gigantescas en la superficie. Vientos helados soplan en Neptuno, llegando a veces a 700 millas por hora.

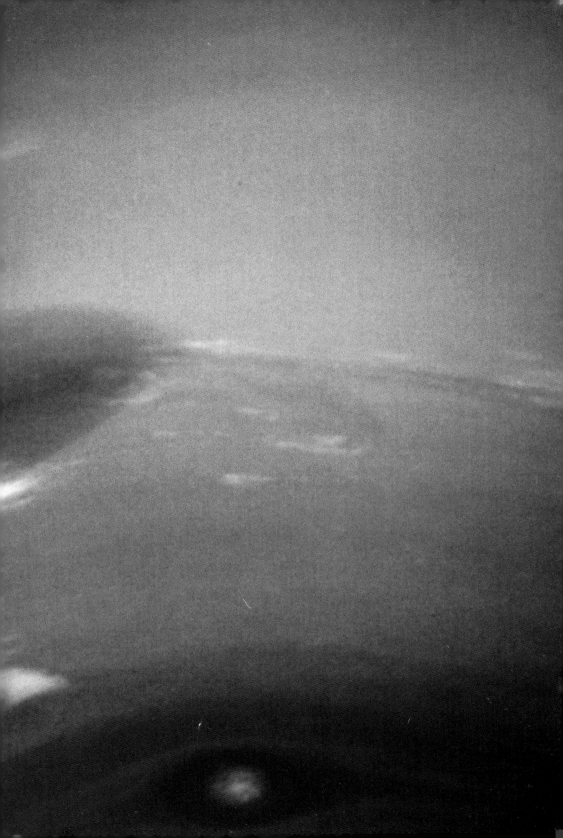

Plutón es una bola distante principalmente de gases congelados. Por muchos años a Plutón se le llamaba el noveno planeta de nuestro sistema solar.

En el año 2006, los científicos decidieron que Plutón no debe ser llamado un planeta porque no es lo suficientemente grande.

Ellos dicen ahora que Plutón es un planeta enano junto con el asteroide Ceres y otro objeto lejano helado llamado Xena.

Los asteroides son
trozos de roca.
Son más pequeños
que los planetas.
Cerca de unos 4.000
asteroides rodean al
Sol entre los planetas
Marte y Júpiter.
Esta área se llama el
cinturón de asteroides.

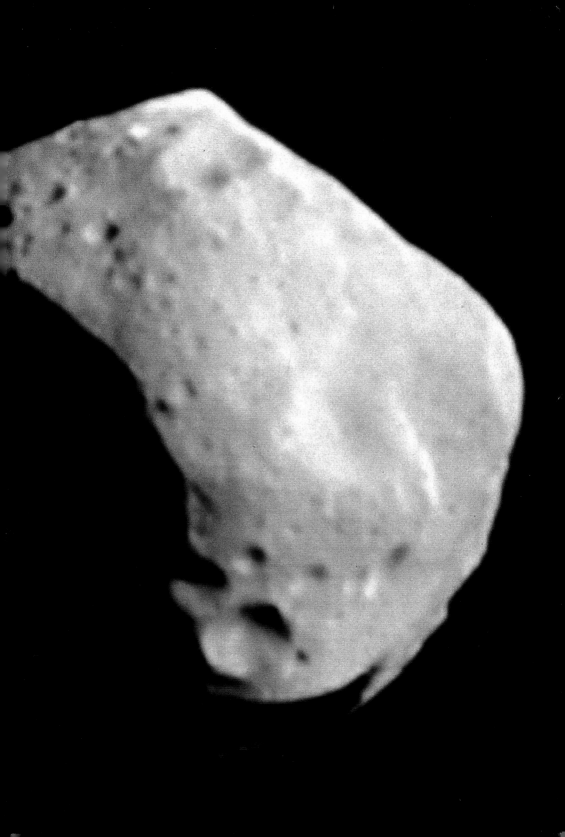

En un lugar remoto del espacio, otros planetas rodean otras estrellas.

Pero nadie sabe si algún planeta lejano sea como la Tierra. Todavía tenemos mucho que aprender sobre los planetas y las estrellas.

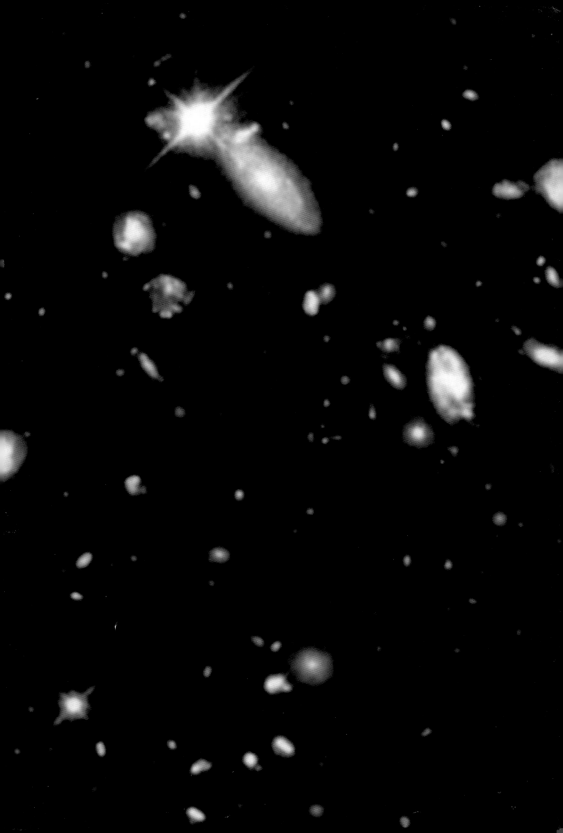

	Mercurio	Venus	Tierra	Marte	Júpiter	Saturno	Urano	Neptuno	Plutón (No más considerado un planeta)
Distancia desde el Sol (millones de millas)	36	67	93	142	484	891	1.785	2.793	3.647
Periodo de órbita (días)	88	225	365	687	4.331	10.747	30.589	59.800	90.588
Diámetro (millas)	3.032	7.521	7.926	4.222	88.846	74.897	31.763	30.775	1.485
Duración del día (horas)	4.223	2.802	24	25	10	11	17	16	153
Temperatura promedio (grados C)	167	464	15	65	-110	-140	-196	-201	-226
Lunas	0	0	1	2	28	30	21	8	1
Anillos	No	No	No	No	Si	Si	Si	Si	No